民謡の発声と節まわし

大髙重雄
OTAKA Shigeo

文芸社

推薦の言葉

「民謡」と聞いて何を思い浮かべるでしょうか。昔から伝わる歌。学校で習った。こぶし。それぞれ抱くイメージはあっても、実際に民謡に触れたことがない、という人は意外と多いのではないでしょうか。かく言う私も、実は民謡に深く触れたことはありません。その一因は、民謡が口承で受け継がれたものであり、元の楽譜が存在しない、というところにあるように思います。

民謡を楽譜にし、更にあまり記述されることのない「こぶし」についても、音符で表すという本書の試みは、クラシック音楽を学ぶ私にとっても非常に興味深く、民謡を学ぶ人の大きな助けとなることはもとより、民謡に馴染みのない人が興味を持つきっかけにもなるでしょう。本書が日本の民謡伝承に貢献することを確信します。

ピアニスト　　犬飼　まお

はじめに

民謡って聴いたことありますか？　民謡、唄ったことありますか？
「よく知らないなぁ」
「ああ、年寄りが好きな、高い声、いい声で唄うあれか――」

ほとんどの人がこのように答えるのではないでしょうか。

私たちが愛して唄ってきた民謡は、いまやこのようになってしまっているのです。

民謡は先人達が育んできた日本古来の伝統芸能のひとつなのです。ただ高い声、大きな声で唄うという、そんなうすっぺらな文化ではないのです。

先人達が長年にわたり、どうしたら聴きばえするか、どのように唄ったらみんなに愛されるか、発声のしかた、呼吸法、音程、こぶしなど、奥深さ・面白さを研究・研鑽し、どんどん進化してきたのです。

私、大高重雄は、何か習い始めるとき、「これは何が一番大切なんだろう」と、いつも考えます。

私の好きな囲碁の場合、相手の石を取ることは大変うれしいのですが、最後には相手の方より地所を一目でも多く取った人が勝ちです。

三味線を習い始めたとき、大事なのは、１ミリの音の狂いがわかる耳を育てることだと思いました。

若いときにやった剣道も、ただ竹刀を振り下ろしておりましたが、いかに早く振り下ろすか、また、相手の竹刀の振り方にいかに早く気が付くか、その眼をつくることが、一般の人には見えないものが見える、これがいわゆる「開眼する」ということです。

このように、習い事には絶対に必要なものがあります。民謡の場合、それは「こぶし」なのです。

ここで、私の父の話をいたします。

私の父は一応、県庁の職員で、仕事は「修路夫」、ジャリ道の穴のあいた所を、鋤簾《じょれん》などで平らにする仕事でした。退職後、色々なことをやりました。しかも、趣味ではなく、どれも真剣なものでした。

人の集まる場所にリヤカーを引いて「夜なきそば」を作ったり、暮れの年越しそばの注文を受けたりするそば打ち。近所の子供達などに手伝ってもらって彼岸花の造花を作り、店々に卸したり、こうもり傘の修理をしたりもしました。また、ミツ蜂を何箱か飼ってハチミツを売ったり、凧の下絵を見つけて来て凧を作ったりもしました。

とにかく「新しいモノ」好きで、レコードが売り出されると、平べったい形のものではなく、箱型で上のフタの開く高価なプレーヤーを買い、来た人達に試聴させました。テレビの時代になると、まだ周りがほとんど買っていない時にいち早く買ってきて、「観せて下さい」と集まって来た人達にお茶を出してよろこんでいるような人でした。

その血を受け継いだ私も、北海道でダム工事や、隧道《ずいどう》工事の監督見習いをしていた頃、まだまだ高嶺の花だったリール式のテープレコーダーを買い、昼夜三交代で仕事して来た人達に相撲の実況中継などを聞かせて、みんなによろこばれたり、８ミリカメラを買ってきて写したりしておりました。

そんな私は、基本的には『人は一対一で平等である』との考えから、地位の高い人やお金持ちなどに、へつらったりペコペコするのは苦手で、自分より若い人、立場の弱い人達にも威張りくさったりもしません。子供に対しても同じです。

私は若い頃、PTAの仕事をしました。また、剣道を学びました。

そのなかで、『何が正しいのか』『何がみんな、特に立場の弱い人達のためになるか』ということを考えることが大事だ、多数だから必ず正しいと限らない。ということを学びました。それは今でも実践しています。

それでは、唄を唄うときのイロハを説明します。

民謡に限らずカラオケでもバランスが一番大切です。そのためには自分の声量を知っておくこと。そしてマイクの使い方が大切です。伴奏が８なら10の声を出すといいでしょう。また、よくマイクは口から10センチ離すといわれますが、それはウソで、その時のアンプのボリュームがいくつになっているかで距離は変わってきます。音の響き方を聞いて距離を決めるといいでしょう。

また、唄い方としては、詩の内容をいかに表現するか考えることが一番大事です。特に唄い出しと、終わりはていねいに唄い、歌詞の行の終わりのことばまでしっかり唄うことが大切です。

こぶしの練習は初めから、楽譜のひとつひとつを唄おうとしないで、私流にいいますと、楽譜のひとつひとつを鉄道の駅に見立てるのです。初めは特急でもかまいません。何年がかりでもいいですから、急行、準急、各駅を目指してください。この完成を夢見て、長い人生を楽しんでほしいです。あとは基本の発声法、呼吸法、音の狂いなど気をつけてください。

私の本を読んで、役に立った、進歩したと、言ってもらうことを願っています。

大髙　重雄

目　次

私のこと　－自己紹介－

私は昭和11年8月、秋田県能代市の米代川を挟んだ向能代に、姉二人と兄一人の四人きょうだいの末っ子として生まれました。その時の経済環境は中の下だったと思います。母が癌を患い、五十歳の若さで亡くなってしまいました。私が中学三年の時でした。母の病気で経済的にどんどん苦しくなり、子ども心に健康は大切だと思ったものです。

その頃の高校進学率は二割くらいだったと思いますが、長姉が、きょうだいの中に一人ぐらいは高校を出た者がいなければ、と推してくれ、高校に進学しました。

私が子どもの頃に父が買った蓄音器を聴いて育ち、小学校二年生の時、能代公園の観桜会の特設舞台に飛び入りして、初めて人前で歌いました。その時の印象は、たくさんの顔、顔、顔。いまでもその光景ははっきりと記憶しています。

中学三年生の頃にギターを習い、将来は流行歌手になりたいと思っておりました。二十歳になった頃、安価なテープレコーダーが発売されました。それまでは二十万円くらいしていたのに、三万円くらいで買えるものでした。安いといっても三万円という金額は、当時の大卒初任給の八倍くらいのお金でしたが、がんばって購入しました。自分の唄やギターを録音して聴いてみましたが、他の人との違いがわからず、まあまあだと思っていました。しかし、だんだん未熟さがわかってきました。

結婚して東京に住みはじめた頃、三橋美智也の登場で民謡ブームが起きました。私も民謡を習いはじめました。民謡には「こぶし」というものが入っていることを知りました。そして名取りとなり、民謡教室を始めました。

PTAの仕事をしていたことで知り合った女性四人ほどで始まり、そのうち小学二年生の子どもたち三人も加わりました。特に子どもたちには「こぶし」をしつこく教えました。

四年ほど後、日本郷土民謡協会主催の初めての子どもたちのコンクールがあり、二百人くらいが出場しました。結果は、中学生の部で一年生の女の子が二位、小学生の部では優勝と四位と、好成績でした。あらためて、「こぶし」を重要視するこの指導法でいいと確信いたしました。

その後テレビが登場し、唄の細かな技術より、見た目、声の大きさや高さが重要視されるように変わったことに、失望しています。

「こぶし」は難しくありません。一定のパターンがあり、それを徹底的に勉強することで会得することができます。その勉強に本書が役立つことを保証いたします。

この楽譜を作った経緯と、この楽譜の読み方

この楽譜は本来、自分の民謡教室の生徒たちに、「どうしたら『こぶし』を理解してもらえるのか」ということを考えた末にできたものです。音の流れははっきりわかっています。間（時間）もキチンと合わせて歌えます。しかし、それを楽譜にしようとすると、どのように書き表したらいいのかわかりません。

近くの音楽大学に行って、楽譜の書き方のイロハを教えてほしいとお願いしたのですが、民謡のことはわかりませんの一点ばりで相手にしてもらえませんでした。

自分なりに書いてみて、「演歌」などのプロの作曲家に見せたら、「『実音』じゃない」と言われました。それは何ですかとたずねると、私の楽譜では、移調しないと、実際に声に出して歌えないらしいのです。しかし、音楽にうとい人たちは、♯とか、♭などがついていると、それだけで拒否反応を示してしまいます。

また、その先生には「一拍に９連譜はありえない」と言われました。しかし、実際に私が音を拾ってみると、どうしても９連譜になるのです。

困っていたところ、碁の友達が、娘に見せるからと言ってくれました。そのお嬢さんに「バッハ時代の装飾音みたい」と言われました。このお嬢さん、実はドイツに留学中の世界的ピアニストだとわかり、またまたびっくり。さっそく楽譜集を印刷所で製本しました。

しかし、いざ自分の民謡教室の生徒たちに見せると、大高は全国の愛好者に普及させることを目指しているようだけど、私たちはたまたま大高に民謡を教わっているだけで全国を目指しているわけではないので、このようなものは不要だと言われてしまいました。

しかし全国には、このような資料を欲しがっている人は沢山いるはずです。その人たちのためにこれを公開しようと思いました。

私が書いた歌集の中から、今回は３曲を厳選して載せました。

本書には３つの楽譜が載っています。

１．ピアノなど、なぞって弾ける人のための五線譜（本当は実音でないから移調して書かなければならないが、あえてハ長調で）。五線譜ではなく五線譜もどきにした理由は、オクターブ下ぐらいの音になると、微妙にドともレともとれない音になるためです。また、『秋田馬子歌』は尺八唄なのであえて小節《しょうせつ》に区切っていません。

２．三味線の分かる人のための三味線譜。

３．どちらもわからない人のための、音符の頭をちょん切り、音の変化を目で追っていけるもの。

ご自身が使いやすいもの、わかりやすいものを使用してください。

これらは、演歌のこぶしの練習にも役立つものだと思います。

この本が日本の民謡の伝承に一役買えれば幸いです。

発声法

唄っている時、ほとんど口が動かない人がいます。訛っているなら訛っているなりに、口を大きく開けて、大きな声でうたう事が大事なのです。水道のホースではありませんが、声を出すにも、出口が小さければ、それだけしか出てまいりません。低音の時には、お腹に響かせるように発声し、高音階になって来たら、上あごの奥に響かせるようにして発声します。この発声法について、諸先生方と話し合った事を紹介します。昔の人はみんなやっていた方法です。

① お腹にヒモをきつく締めて、そのヒモが切れよとばかり、力を入れて発声する。
② これと似ているが、横隔膜のあたりを手で押さえながら、ここに響かせながら発声する。
③ 床に大の字に仰向けに寝て発声する。この方法は効果があるようです。
④ 重い物を持ってうたう。例えば、漬物石のような物。
⑤ 口の15センチ位前に点火したロウソクを立てて、ロウソクの炎が、ほとんど動かないように、大声で発声する。つまり、息を吐く事を抑えながら、声を大きく出す事です。 昔の先輩達は、ロウソクの炎を、自分の顔の前におき、その火が大きくは動かないように見つめながら、声を出す練習もすすめました。
⑥ 磯波や、川のせせらぎでも、負けずに聞こえるようにうたう。
⑦ 私の練習方法ですが、理屈抜き、まずうたう事。

自然体で、首もしっかり正面を見て、口をしっかりした開け方でうたうことが大切です。

秋田馬子唄（秋田県）

ハアーあべや　ハアーこの馬急《うまいそ》げや唐毛《からげ》
ハアー西の　ハアーお山にアリャ日が暮れる

ハアー一人　ハアー淋《さび》しや　馬喰《ばくろう》の夜道
ハアー後に　ハアー轡《くつわ》のアリャ音ばかり

ハアー辛《つら》い　ハアーものだよ　馬喰の夜曳
ハアー七日　ハアー七夜のアリャ長手綱《ながたづな》

ハアー今宵《こよい》　ハアー一夜《いちや》で　峠を越せど
ハアーさぞやハアー妻子《つまこ》はアリャ待ち兼ねる

秋田馬子唄（秋田）

H.23.12.26 大高

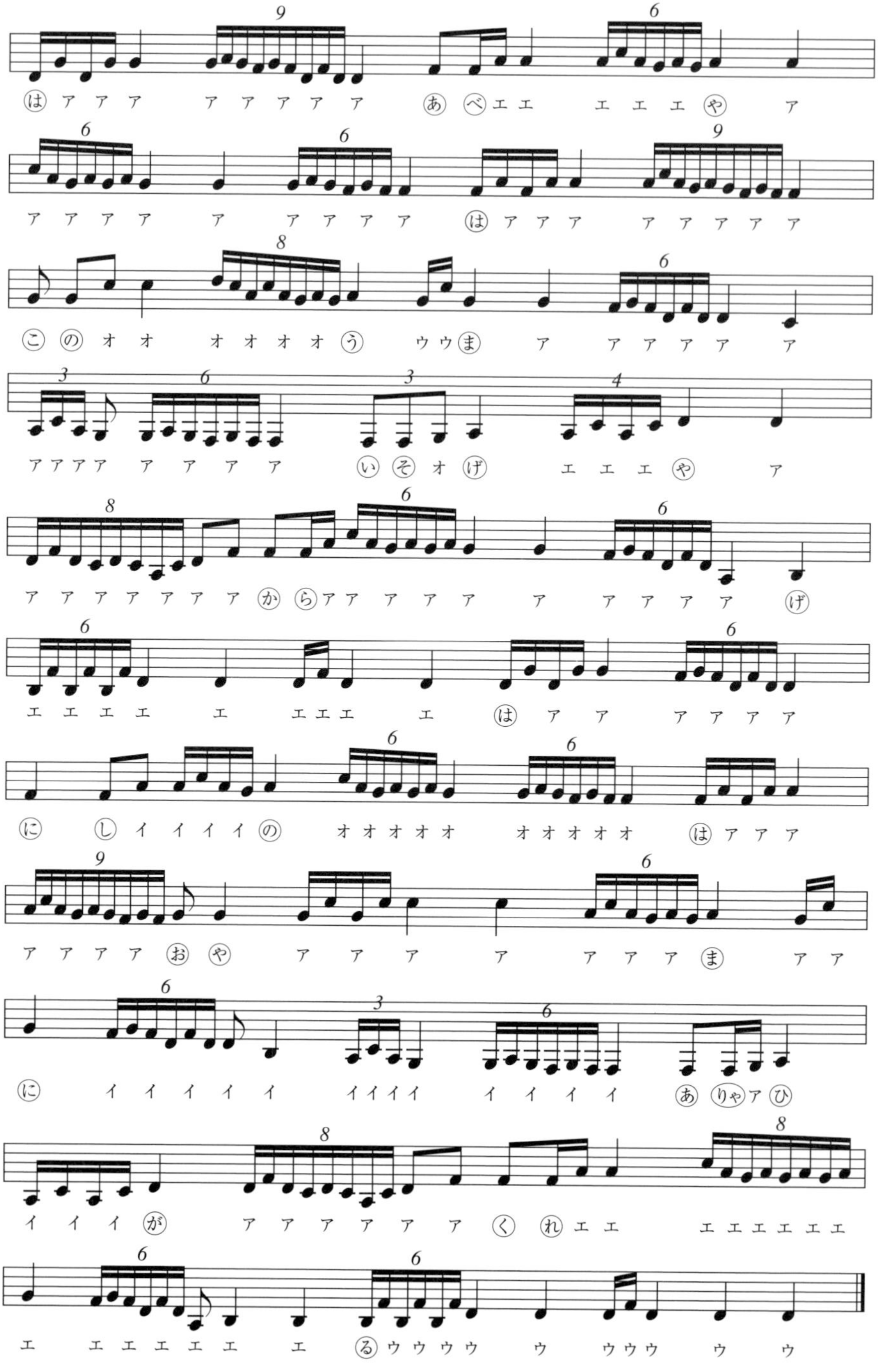

秋田馬子唄（アベヤ）（秋田）

H.24.1.7 大高

二上り

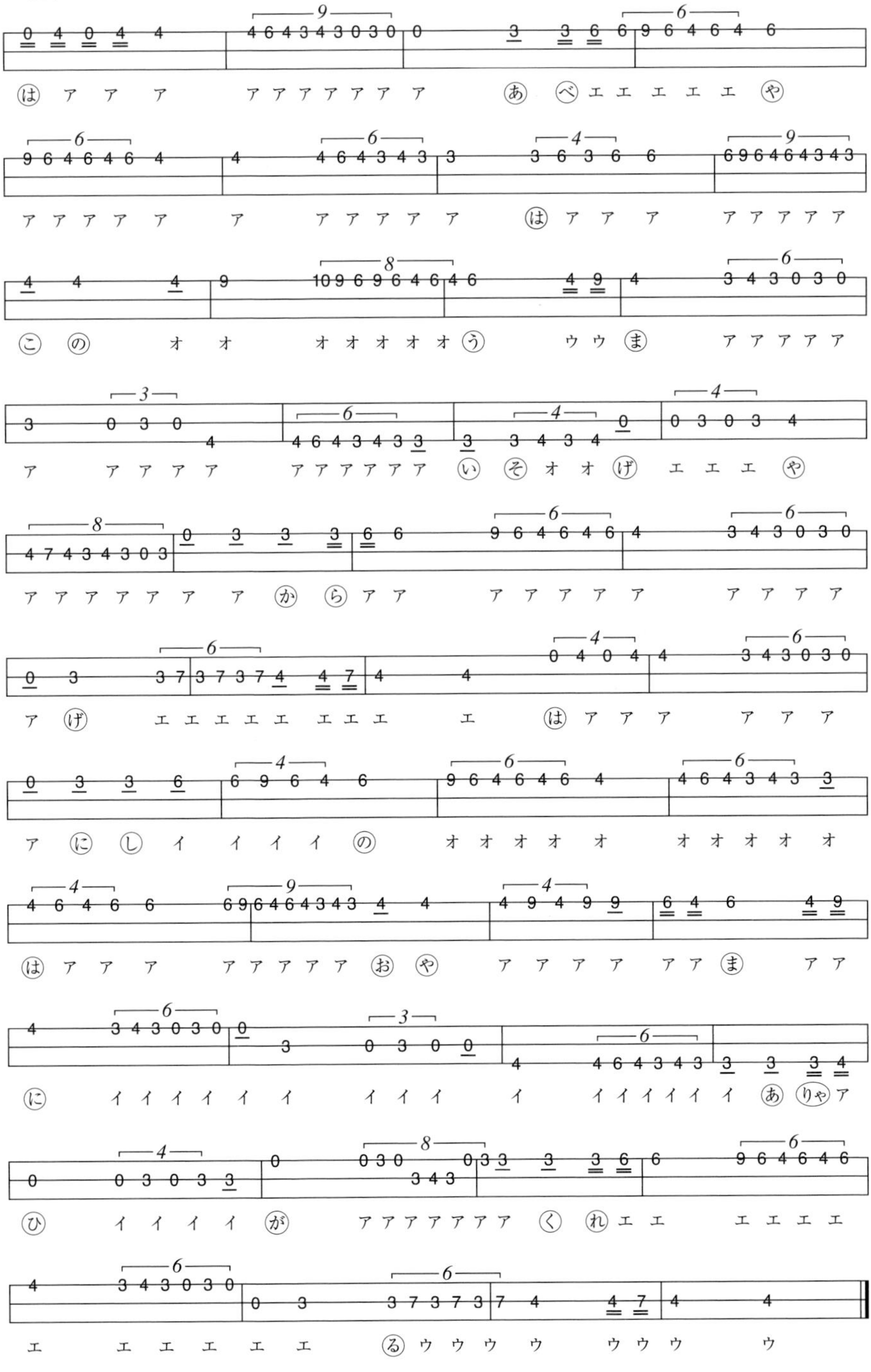

秋田馬子唄（秋田）

H.23.12.26

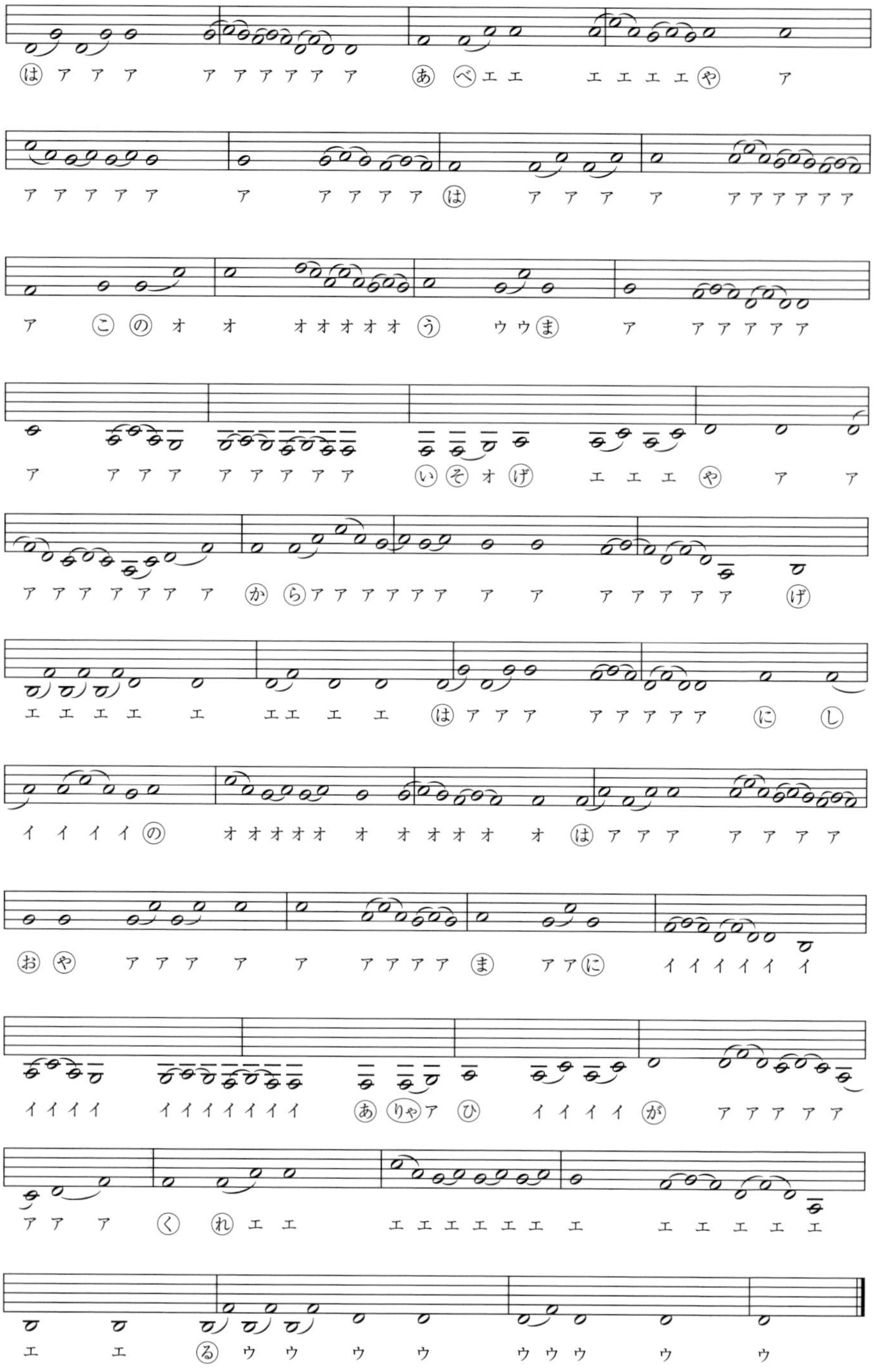

秋田船方節（秋田県）

囃子（ハアー　ヤッショ〳〵）
ハアー
三十五反の（ハアー　ヤッショ〳〵）
帆をまき上げて（ハアー　ヤッショ〳〵）
鳥も通わぬ　沖はしる
その時しけにおうたなら
（ハアヤッショ〳〵）
綱もいかりも　手につかぬ
今度船乗りやめよかと
（ハアヤッショ〳〵）
とは云うものの　港入り　上りて
あの娘の顔見れば（ハアヤッショ〳〵）
辛い　船乗り　一生末代
孫子の代まで　やめられぬ

秋田船方節（秋田）

H.24.9.4 大高

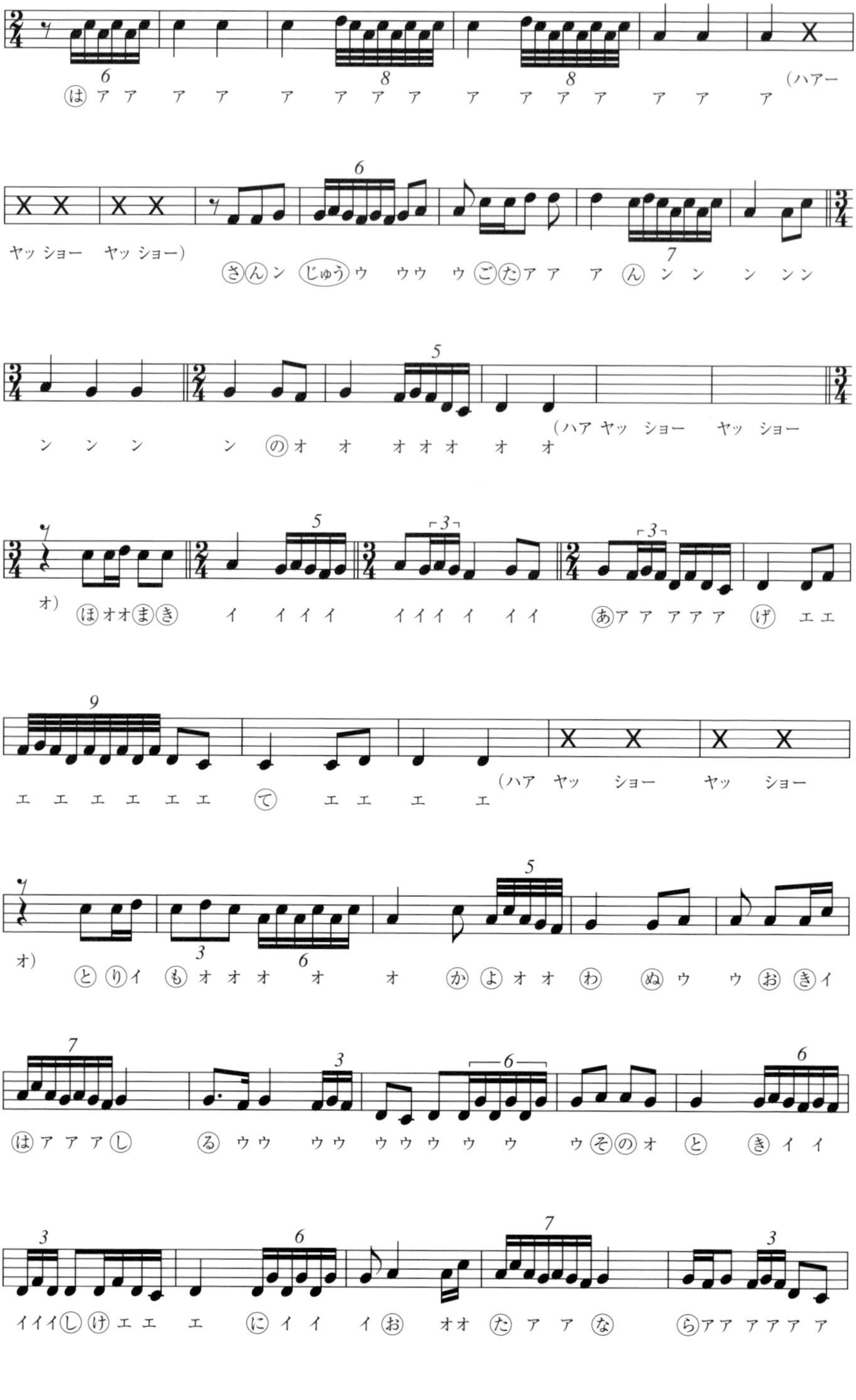

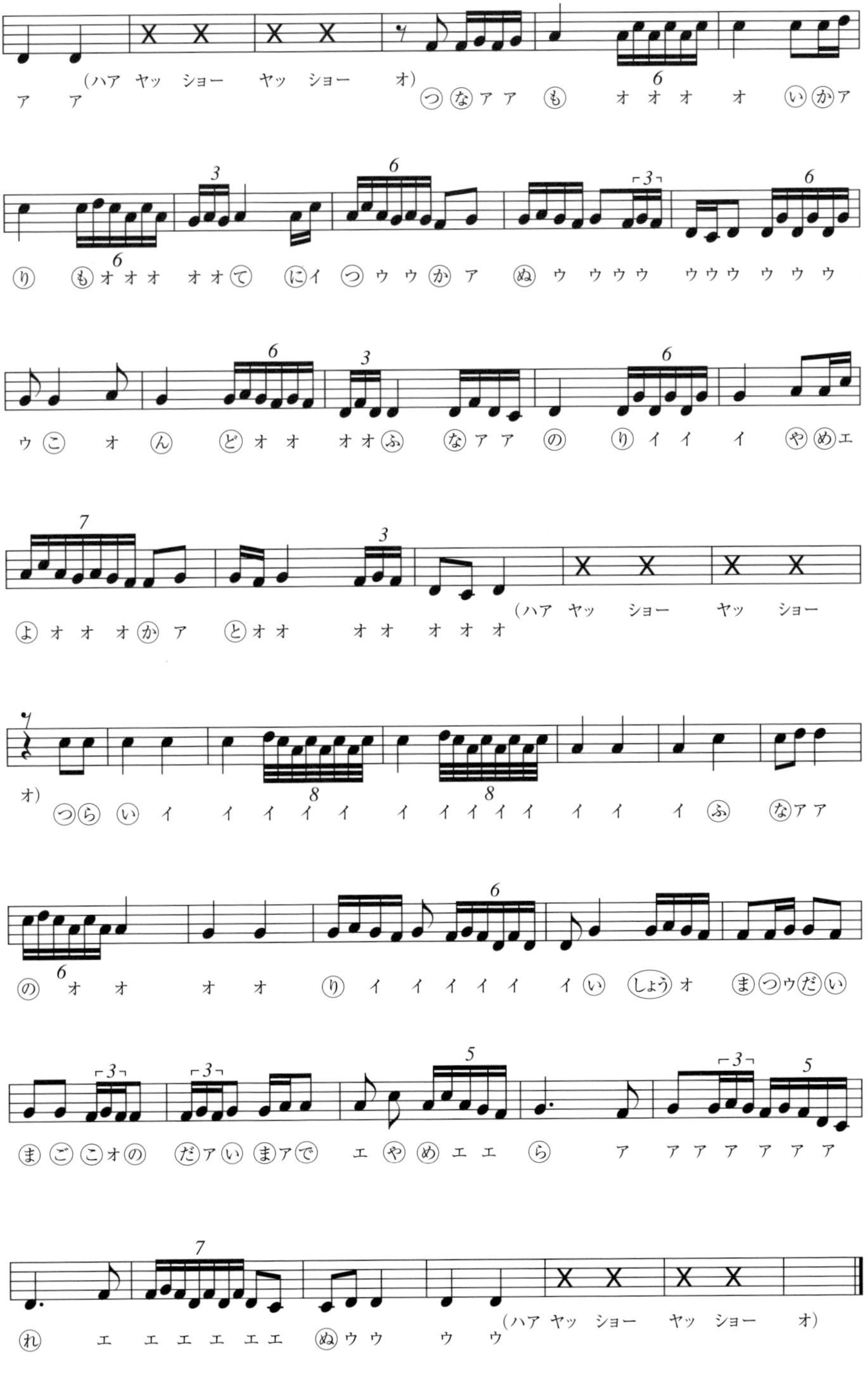
(ハア ヤッ ショー ヤッ ショー オ)
ア ア つなアア も オ オ オ オ いかア
り もオ オ オ オ オて にイ つウ ウ かア ぬ ウ ウ ウ ウ ウ ウ ウ ウ ウ ウ
ウ こ オ ん どオ オ オ オふ なアア の りイ イ イ やめエ
(ハア ヤッ ショー ヤッ ショー
よ オ オ オかア とオ オ オ オ オ オ オ
オ)
つら い イ イ イ イ イ イ イ イ イ イ イ イ イ ふ なアア
の オ オ オ オ り イ イ イ イ イ イい しょうオ まつウだい
まごこオの だアい まアで エ や め エ エ ら ア アアアアアア
(ハア ヤッ ショー ヤッ ショー オ)
れ エ エ エ エ エエ ぬウウ ウ ウ

秋田舟方節（秋田）

H.23.10.5 大高

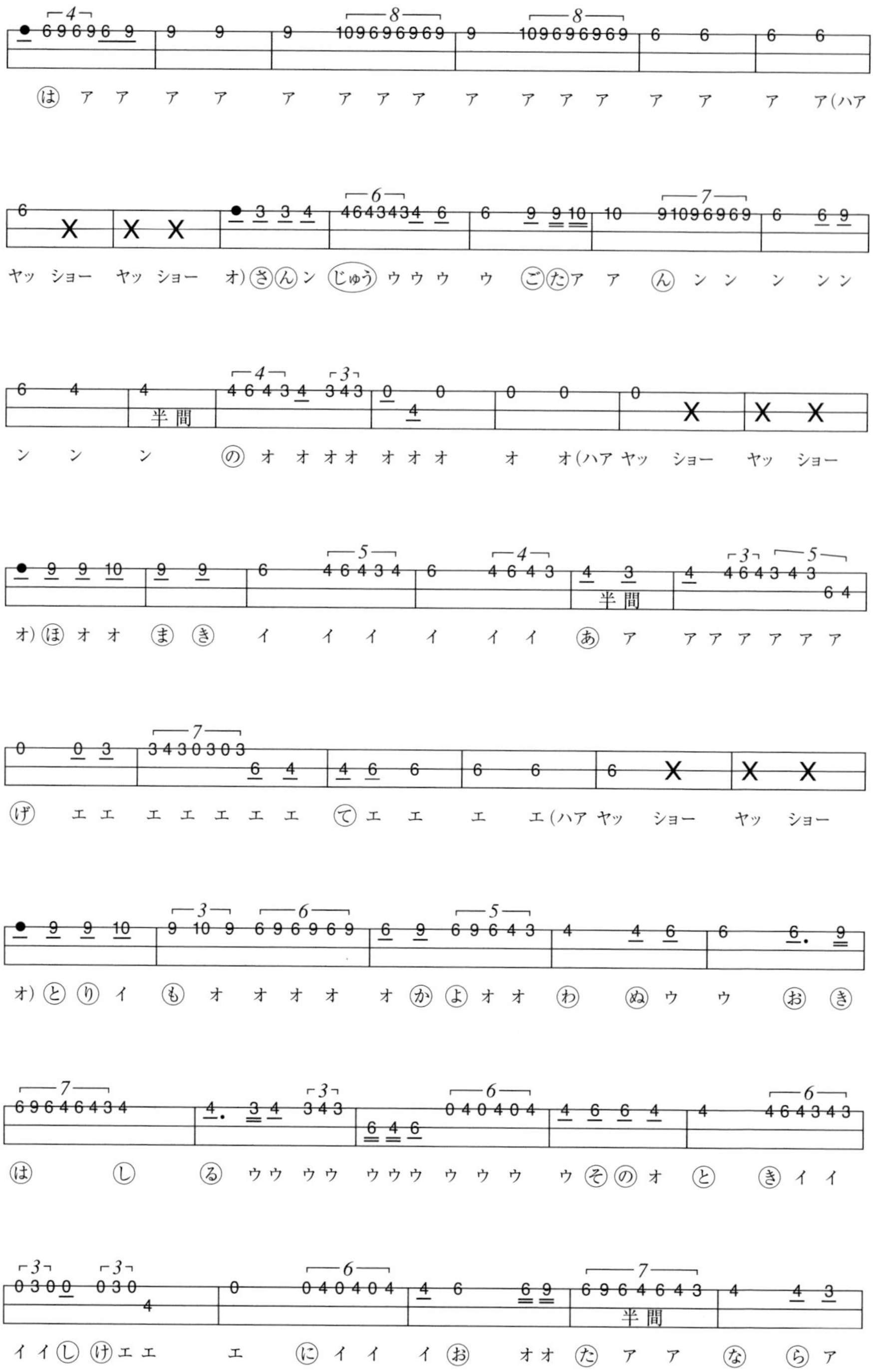

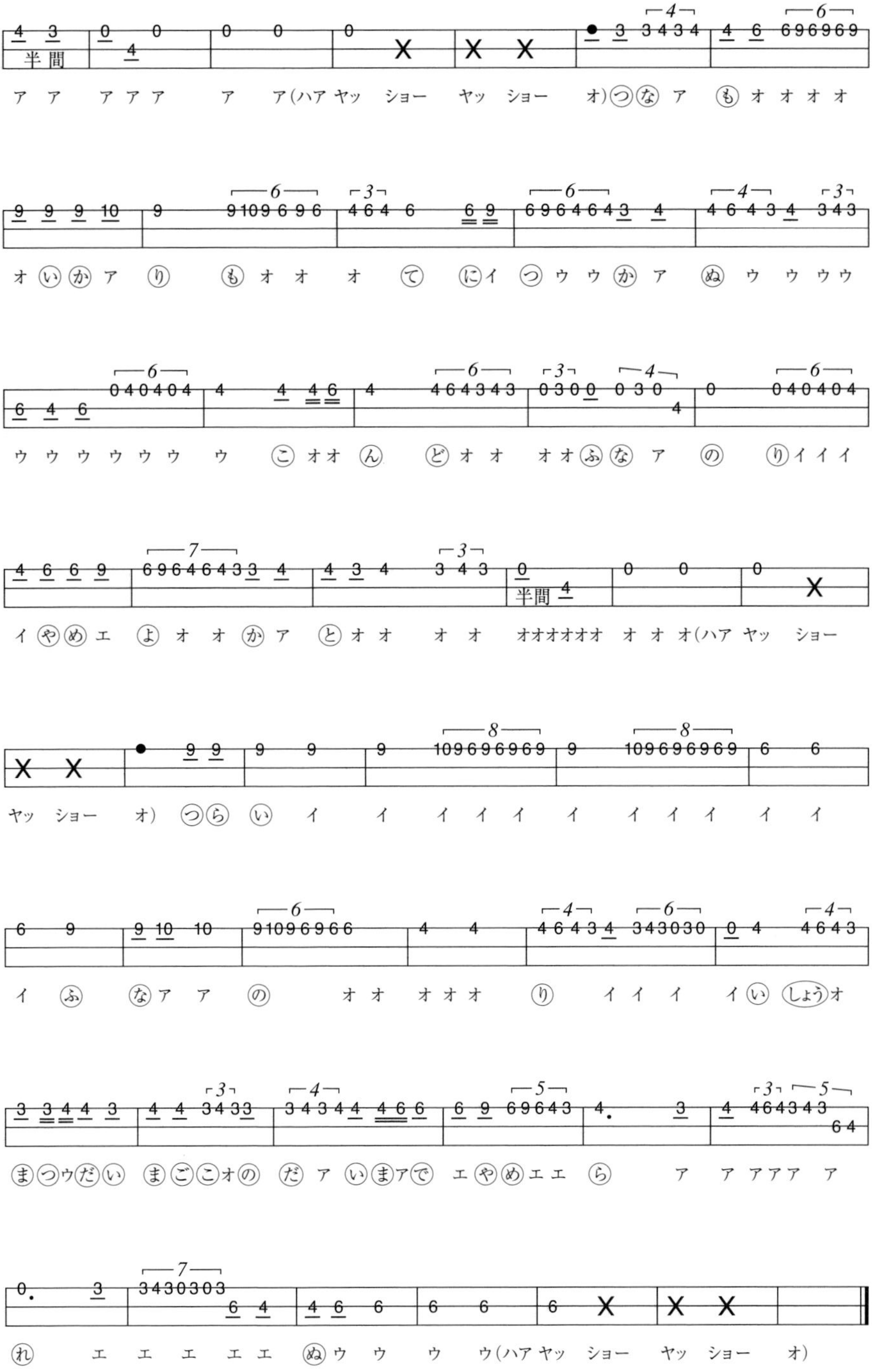
半間
ア ア ア ア ア ア ア(ハア ヤッ ショー ヤッ ショー オ)つな ア も オ オ オ オ
オ いか ア り も オ オ オ て にイ つ ウ ウ か ア ぬ ウ ウ ウウ
ウ ウ ウ ウ ウ ウ ウ こ オオ ん ど オ オ オオふな ア の りイ イ イ
半間
イ やめ エ よ オ オ か ア と オ オ オ オ オオオオオオ オ オ オ(ハア ヤッ ショー
ヤッ ショー オ) つら い イ イ イ イ イ イ イ イ イ イ イ
イ ふ なア ア の オ オ オ オ オ り イ イ イ イ い しょうオ
まつウだい まごこオの だ ア いまアで エやめエエ ら ア アアアア ア
れ エ エ エ エ エ ぬウ ウ ウ ウ(ハア ヤッ ショー ヤッ ショー オ)

秋田舟方節（秋田）

H.23.10.8

$\frac{2}{4}$ 拍子

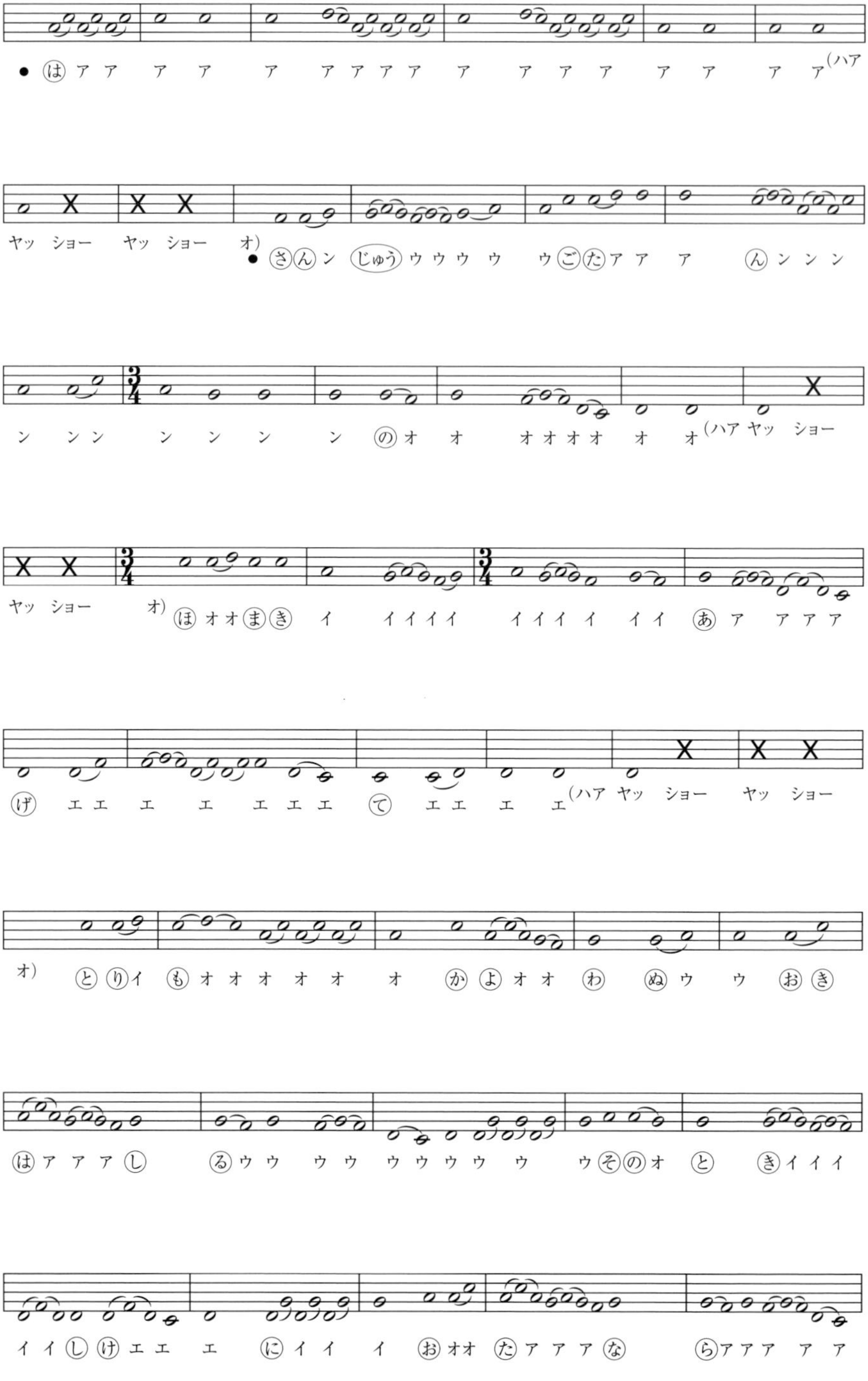
● はアア　ア　ア　ア　アアアア　ア　アアア　アア　アア（ハア
ヤッ　ショー　ヤッ　ショー　オ）
● さんン　じゅうウウウウ　ウごたアア　ア　んンンン
ン　ンン　ンンン　ンのオ　オ　オオオオ　オ　オ（ハア　ヤッ　ショー
ヤッ　ショー　オ）ほオオまき　イ　イイイイ　イイイイ　イイ　あア　アアア
げ　エエ　エ　エ　エエエ　て　エエ　エ　エ（ハア　ヤッ　ショー　ヤッ　ショー
オ）　とりイ　もオオオオオ　オ　かよオオ　わ　ぬウ　ウ　おき
はアアアし　るウウ　ウウ　ウウウウ　ウ　ウそのオ　と　きイイイ
イイしけエエ　エ　にイイ　イ　おオオ　たアアアな　らアアア　アア

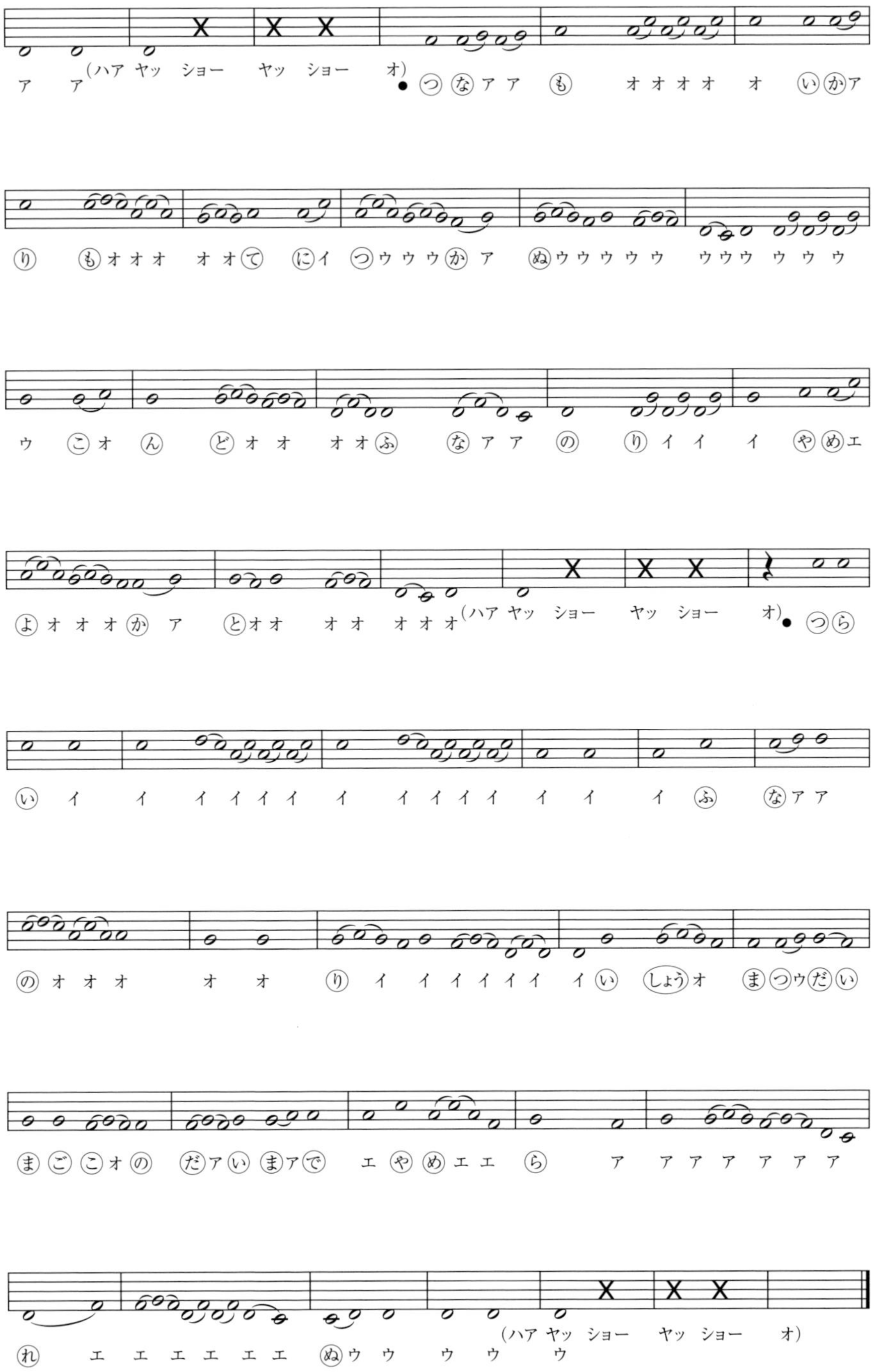

ア ア (ハア ヤッ ショー ヤッ ショー オ)
● つ な ア ア も オ オ オ オ オ い か ア
り も オ オ オ オ オ て に イ つ ウ ウ ウ か ア ぬ ウ ウ ウ ウ ウ ウ ウ ウ ウ ウ ウ
ウ こ オ ん ど オ オ オ オ ふ な ア ア の り イ イ イ や め エ
よ オ オ オ か ア と オ オ オ オ オ オ オ (ハア ヤッ ショー ヤッ ショー オ)
● つ ら
い イ イ イ イ イ イ イ イ イ イ イ イ イ イ ふ な ア ア
の オ オ オ オ オ り イ イ イ イ イ イ イ い しょう オ ま つ ウ だ い
ま ご こ オ の だ ア い ま ア で エ や め エ エ ら ア ア ア ア ア ア ア
れ エ エ エ エ エ エ ぬ ウ ウ ウ ウ ウ
(ハア ヤッ ショー ヤッ ショー オ)

河内音頭（大阪府）

エーさてはこの座の皆様へ　ちょいと出ました私は
おみかけ通りの悪声で　ヨホーイホイ
まかり出ました未熟者お気に召すようにゃ
読めないけれど　七百年の昔より
歌い続けた河内音頭にのせまして
せいこんこめて歌いましょ
ソラ　ヨイトコサッサノ　ヨイヤサッサ
エー　大和と河内の国境　中にひときわ悠然と
ヨーオホーイホイ　エンヤコラセ　ドッコイセ
そびえて高き金剛山よ　建武の昔大楠公
その名も　楠正成公　今に伝えた民謡
河内音頭と申します　聞いておくれよ
荷物にゃならぬ　聞いて心も　うきうきしゃんせ
気から病が出るわいな
歌の文句は小粋でも　私しゃ未熟で
とってもうまくも　きっちり実際まことに
みごとに読めないけれど
八千八声のほととぎす
血をはくまでも　〳〵　〳〵　つとめましょ

河内音頭（大阪）

H.24.7.4 大高

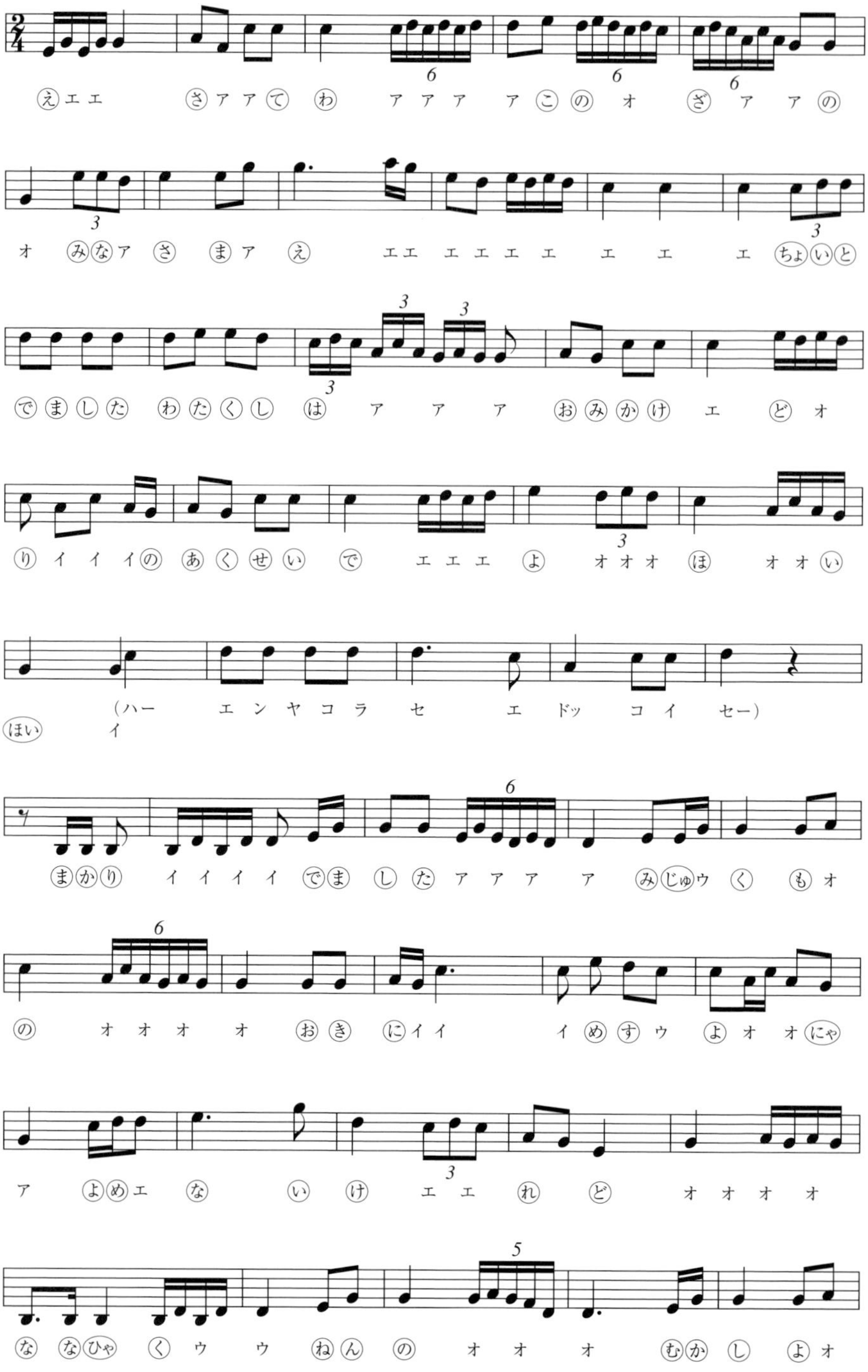

り イ イ イ イ う た い イ イ イ つ づ ウ け エ エ エ た
ア か わ ち お ん ど に の せ ま ア し て エ エ エ せ い
こ ん ン こ め エ て エエエエ う た い イ ま ア
しょう オ （ソ ラ ア ヨー イ イ トコ ー サー ア サー ノ
ヨイヤー サッ ー サ ー） え エ エ エ や ア ア ま と と オ オ
オ か わ ア ち イ イ の オ く に イ ざ か ア い イ イ
イ イ イ イ イ イ イ な か に イ ひ と オ き イ イ イ わ
ゆ う ぜ ん と オ オ オ よ オ オ オ ほ オ オ オ オ ほい （ハア
エ ヤ コ ラ セー エ ド ッ コ イ セー） そ び え て エ エ エ た か
き イ イ イ イ こ ん ご オ オ ざ ん よ オ オ オ オ け ん

む ウ ウ の オ む か ア ア し イ イ イ イ だ ア ア ア い イ
な ア ア ん こ オ オ オ オ オ そ の な ア も オ オ く す
の き イ イ イ ま さ し げ え こ オ オ オ オ い ま に
つ た え た ア ア ア ア ア ア ア ア ア ア ア ア ア み ん
よ オ オ オ オ オ オ オ オ オ オ オ オ オ オ オ
オ オ オ オ オ オ オ か わ ち お ん ど と も う し ま す
き い イ イ て エ エ エ エ エ お オ
く ウ ウ ウ れ よ オ オ オ オ に イ イ も オ
つ にゃ ア ア な ら ア ア ぬ ウ ウ ウ ウ き い て エ
こ こ オ ろ オ も うきうき イ しゃん ア ん ン ン ン

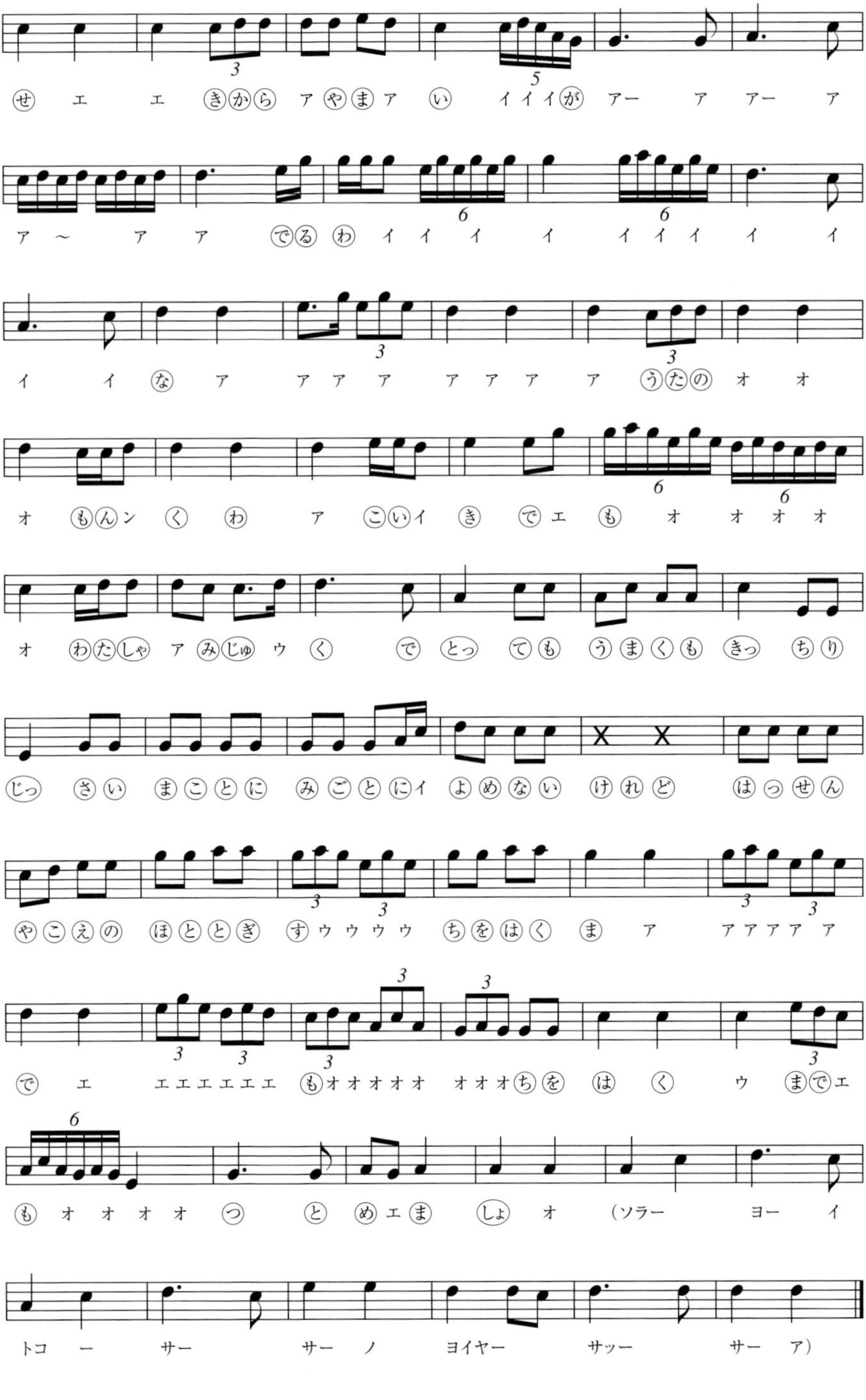

せ エ エ きから アやまア い イイイが アー ア アー ア
ア～ ア ア でるわ イ イ イ イ イ イ イ イ イ
イ イ な ア アアア アアア ア うたの オ オ
オ もんン く わ ア こいイ き でエ も オ オ オ オ
オ わたしゃ アみじゅ ウ く で とっ ても うまくも きっ ちり
じっ さい まことに みごとにイ よめない けれど はっせん
やこえの ほととぎ すウウウウ ちをはく ま ア アアアア ア
で エ エエエエエエ もオオオオオ オオオちを は く ウ までエ
も オ オ オ オ つ と めエま しょ オ （ソラー ヨー イ
トコ ー サー サー ノ ヨイヤー サッー サー ア）

河内音頭（大阪）

H.24.7.6 大高

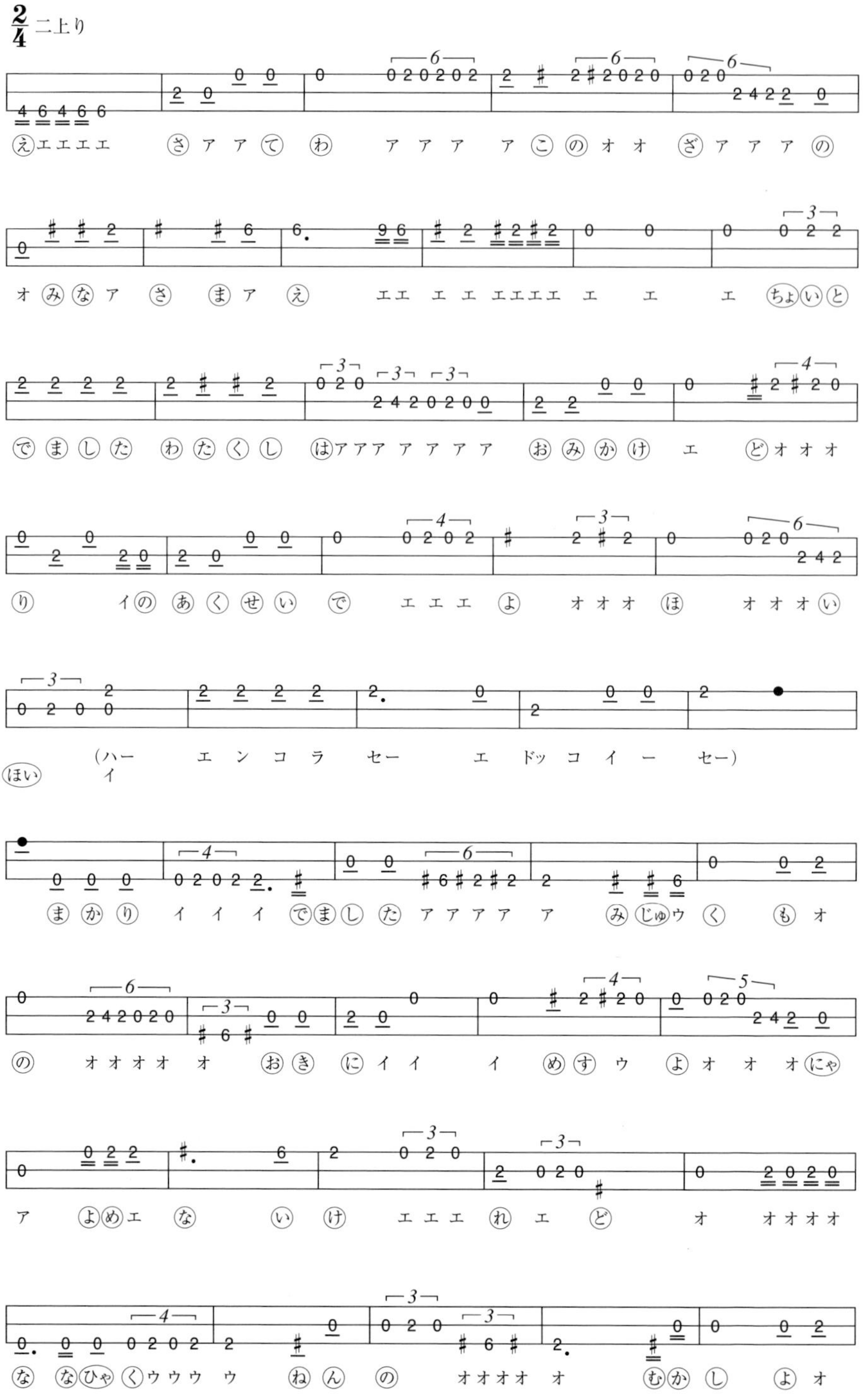

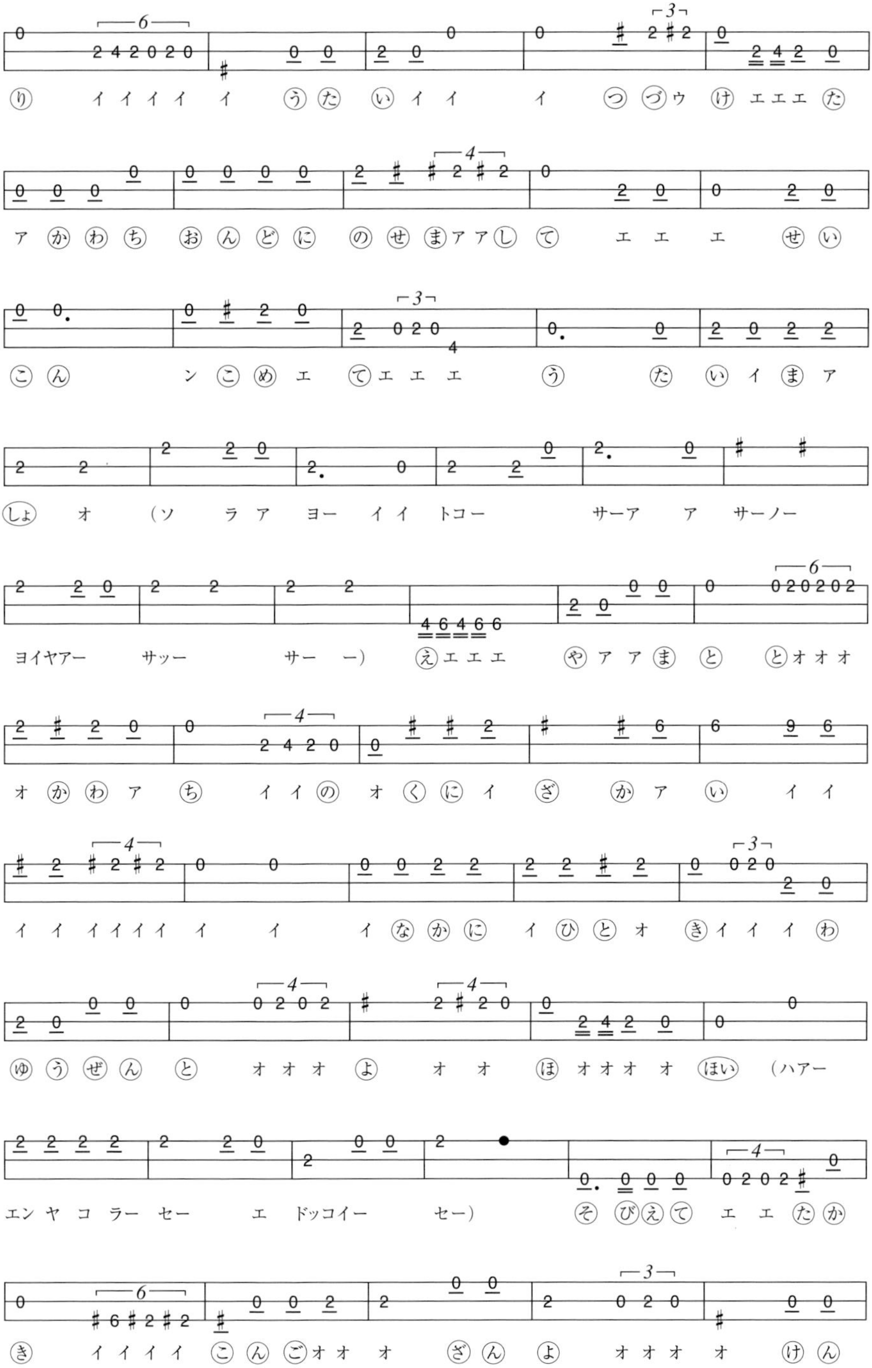
り イイイイ イ うた い イ イ イ つづウ け エエエ た
ア かわち おんどに のせまアアして エ エ エ せい
こん ン こめ エ てエ エ エ う た い イ まア
しょ オ （ソ ラ ア ヨー イ イ トコー サーア ア サーノー
ヨイヤアー サッー サー ー） えエ エ エ やア アまと とオ オ オ
オ かわ ア ち イ イ の オ くに イ ざ か ア い イ イ
イ イ イイイイ イ イ イ なかに イ ひと オ き イ イ イ わ
ゆうぜんと オ オ オ よ オ オ ほ オオオ オ ほい （ハアー
エンヤ コ ラー セー エ ドッコイー セー） そびえて エ エ たか
き イイイイ こんごオ オ オ ざん よ オオオ オ けん

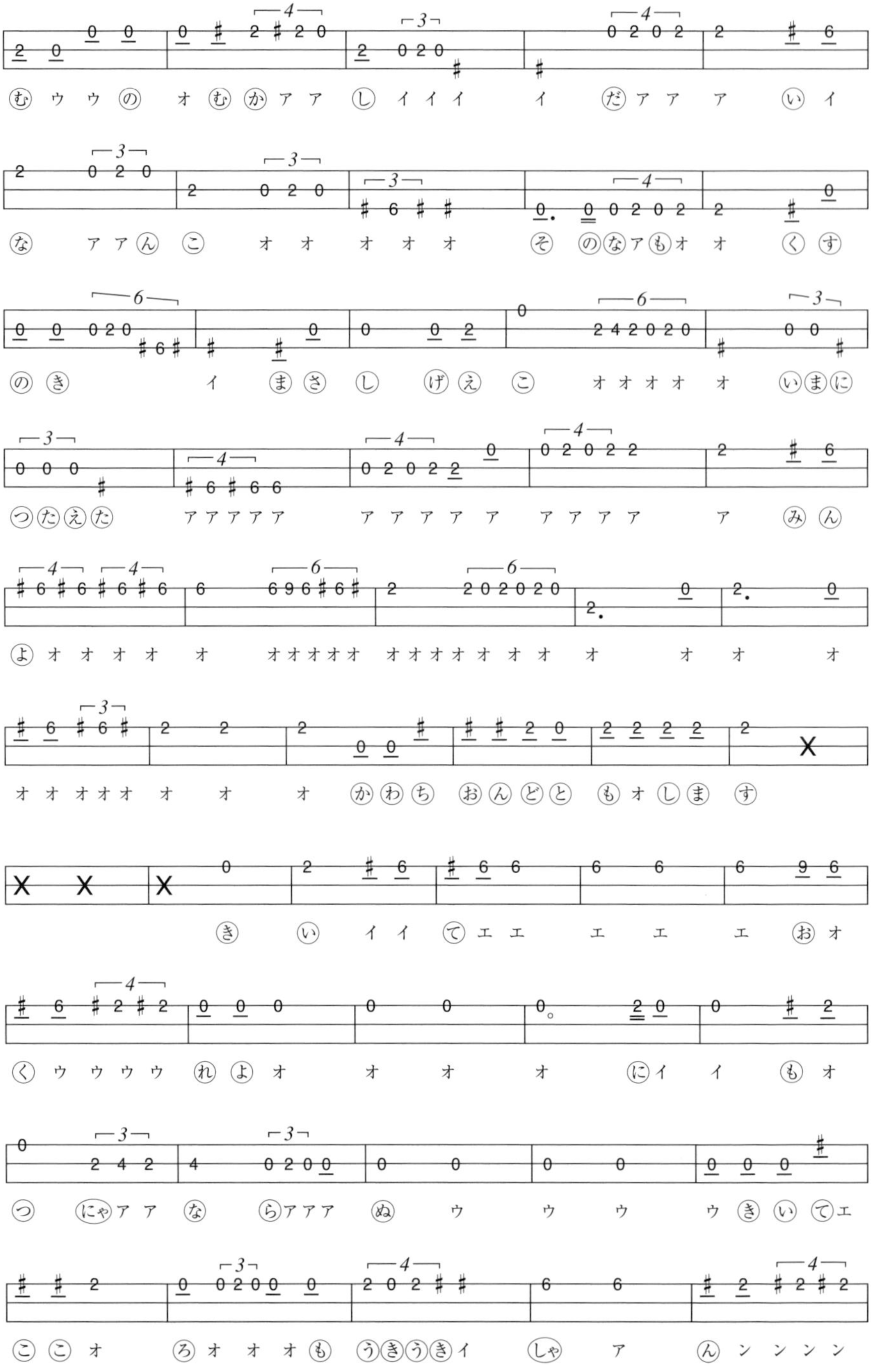
むウウの オむかアア しイイイ イ だアアア いイ
な アアん こ オ オ オ オ オ そ のなアもオ オ くす
のき イ まさ し げえ こ オオオオ オ いまに
つたえた アアアアア アアアアア アアアア ア みん
よオオオオ オ オオオオオ オオオオオオオ オ オ オ オ
オオオオオ オ オ オ かわち おんどと もオしま す
き い イイ てエエ エ エ エ おオ
くウウウウ れよオ オ オ オ にイ イ もオ
つ にゃアア な らアアア ぬ ウ ウ ウ ウきいてエ
ここオ ろオオオも うきうきイ しゃ ア んンンンン

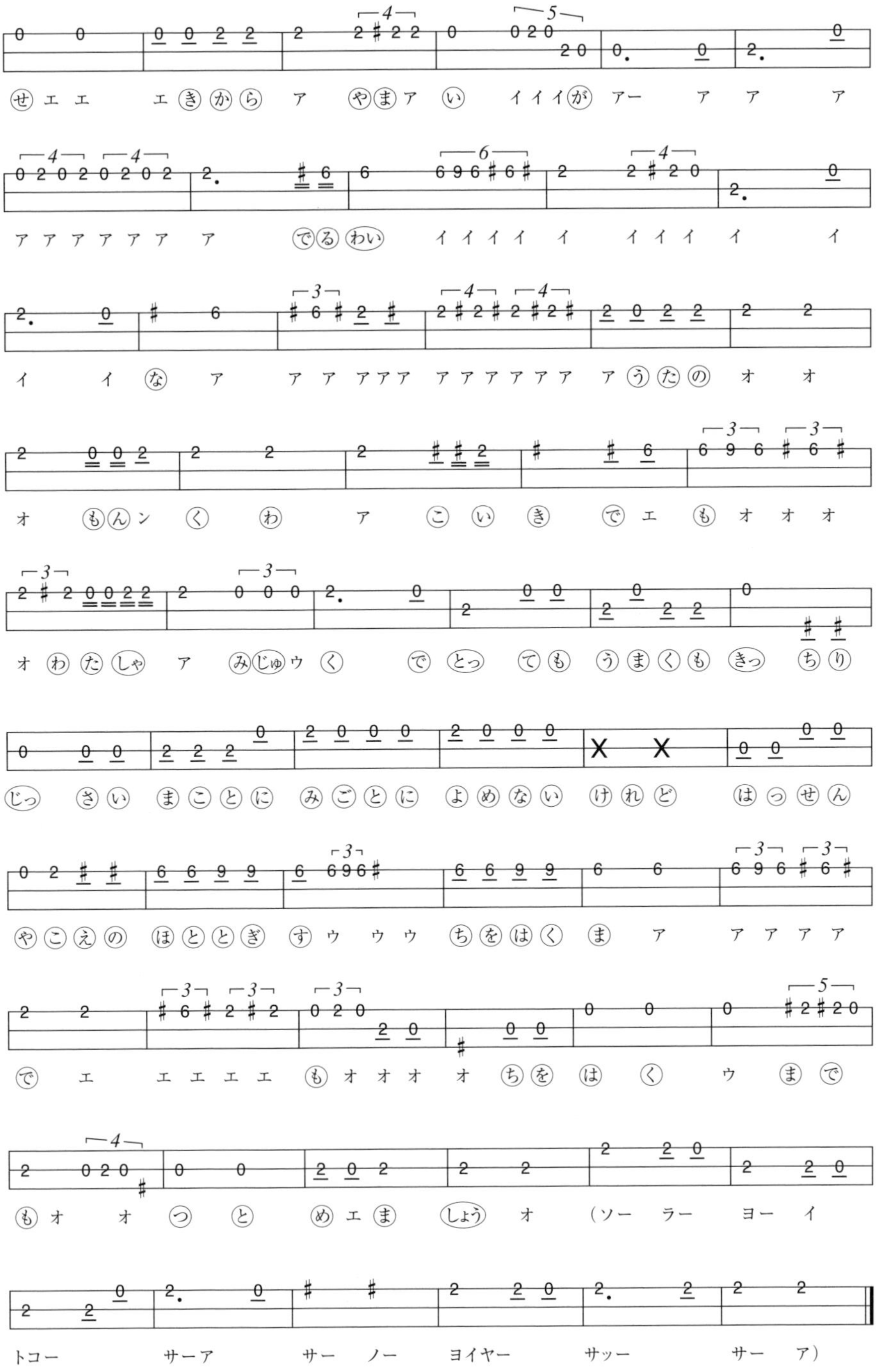
せエエ エきから ア やまア い イイイが アー ア ア ア
アアアアアア ア でるわい イイイイ イ イイイ イ イ
イ イ な ア ア ア アアア アアアアアア アうたの オ オ
オ もんン く わ ア こ い き で エ も オ オ オ
オ わたしゃ ア みじゅウ く で とっ ても うまくも きっ ちり
じっ さい まことに みごとに よめない けれど はっせん
やこえの ほととぎ すウ ウ ウ ちをはく ま ア アアアア
で エ エエエエ もオオオ オ ちを は く ウ まで
もオ オ つ と めエま しょう オ （ソー ラー ヨー イ
トコー サーア サー ノー ヨイヤー サッー サー ア）

河内音頭（大阪）

H.24.7.5

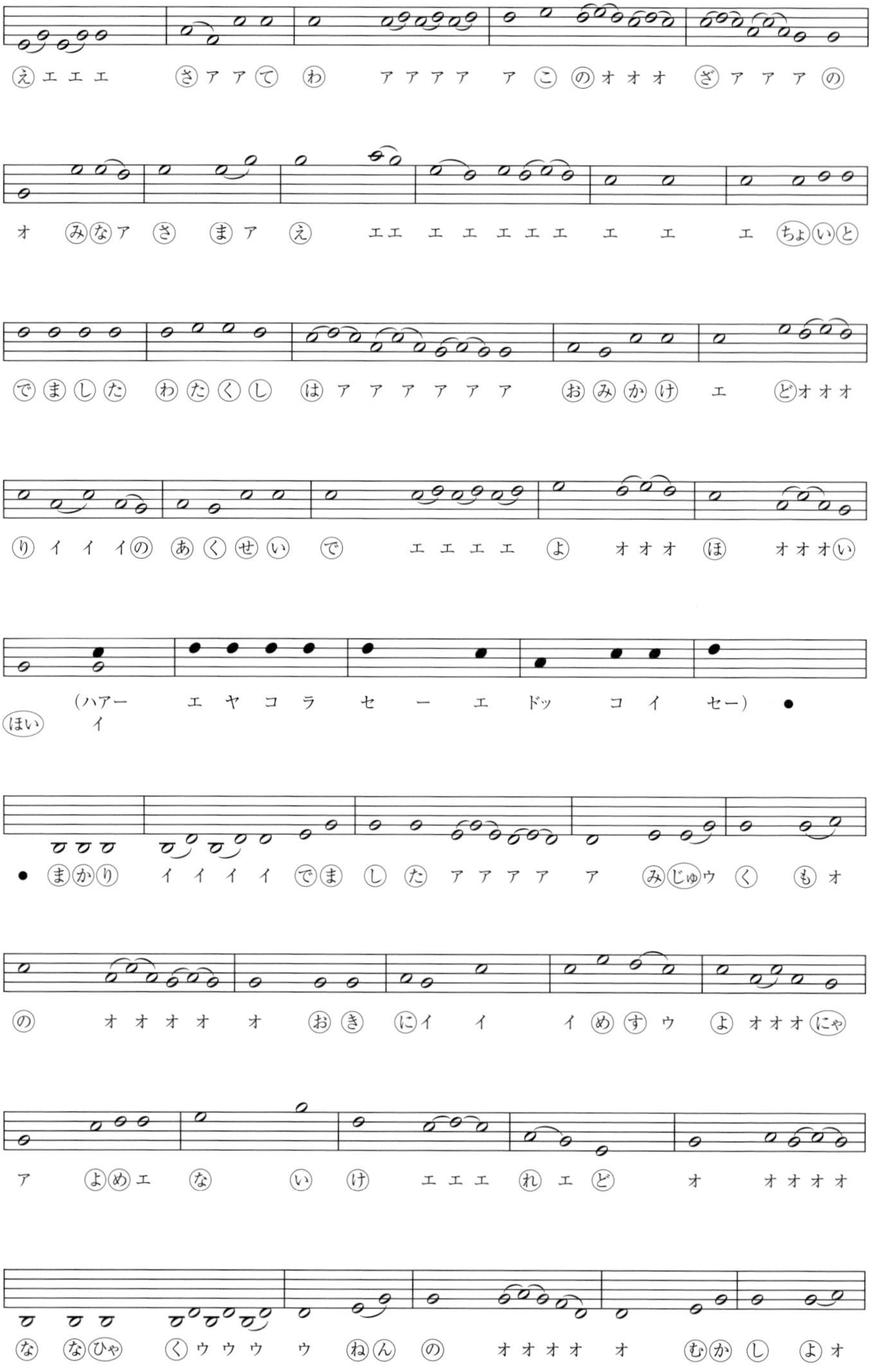

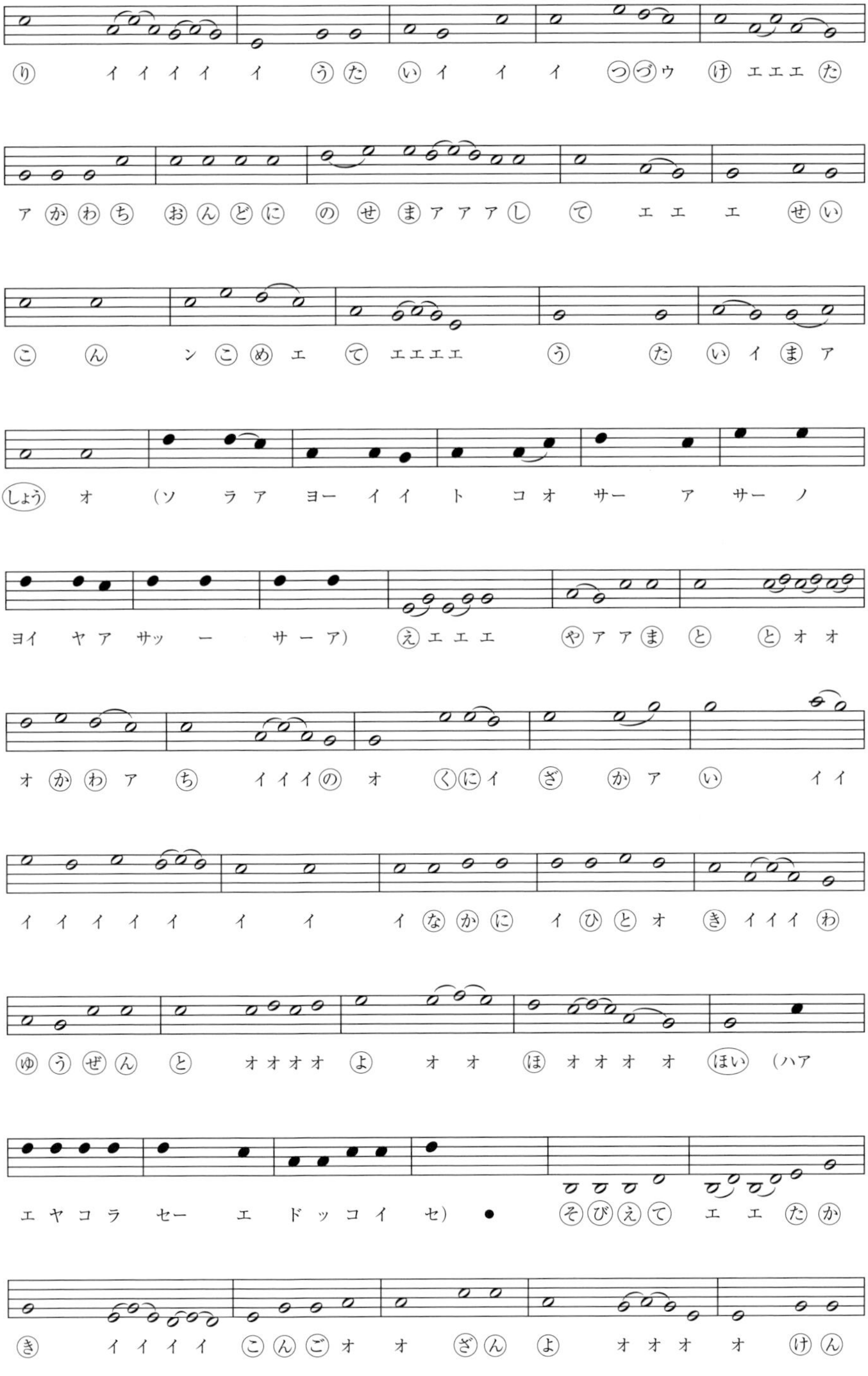
り イ イ イ イ イ う た い イ イ イ つ づ ウ け エ エ エ た
ア か わ ち お ん ど に の せ ま ア ア ア し て エ エ エ せ い
こ ん ン こ め エ て エエエエ う た い イ ま ア
しょう オ （ソ ラ ア ヨー イ イ ト コ オ サー ア サー ノ
ヨイ ヤ ア サッ ー サ ー ア） え エ エ エ や ア ア ま と と オ オ
オ か わ ア ち イ イ イ の オ く に イ ざ か ア い イ イ
イ イ イ イ イ イ イ イ な か に イ ひ と オ き イ イ イ わ
ゆ う ぜ ん と オ オ オ オ よ オ オ ほ オ オ オ オ ほい （ハア
エ ヤ コ ラ セー エ ド ッ コ イ セ） ● そ び え て エ エ た か
き イ イ イ イ こ ん ご オ オ ざ ん よ オ オ オ オ け ん

むウウの オ むかアアア しイイイイ イ だアアア ア いイ
な アアん こ オオオ オオオオ その なアもオ オ くす
の きイイ イ まさ し げえ こ オオオオ オいまに
つたえた アアアア アアアアア アアアア ア みん
よオオオオ オ オオオオ オ オオオオ オ オオ オ オ
オオオオオ オ オ オ かわち おんどと もうしま す
き い イイ てエエ エ エ エ おオ
くウウウウ れよオ オ オ オにイ イ もオ
つ にゃアア な らアアア ぬ ウ ウ ウ ウきいてエ
ここオ ろ オオオも うきうきイ しゃ ア んンンンン

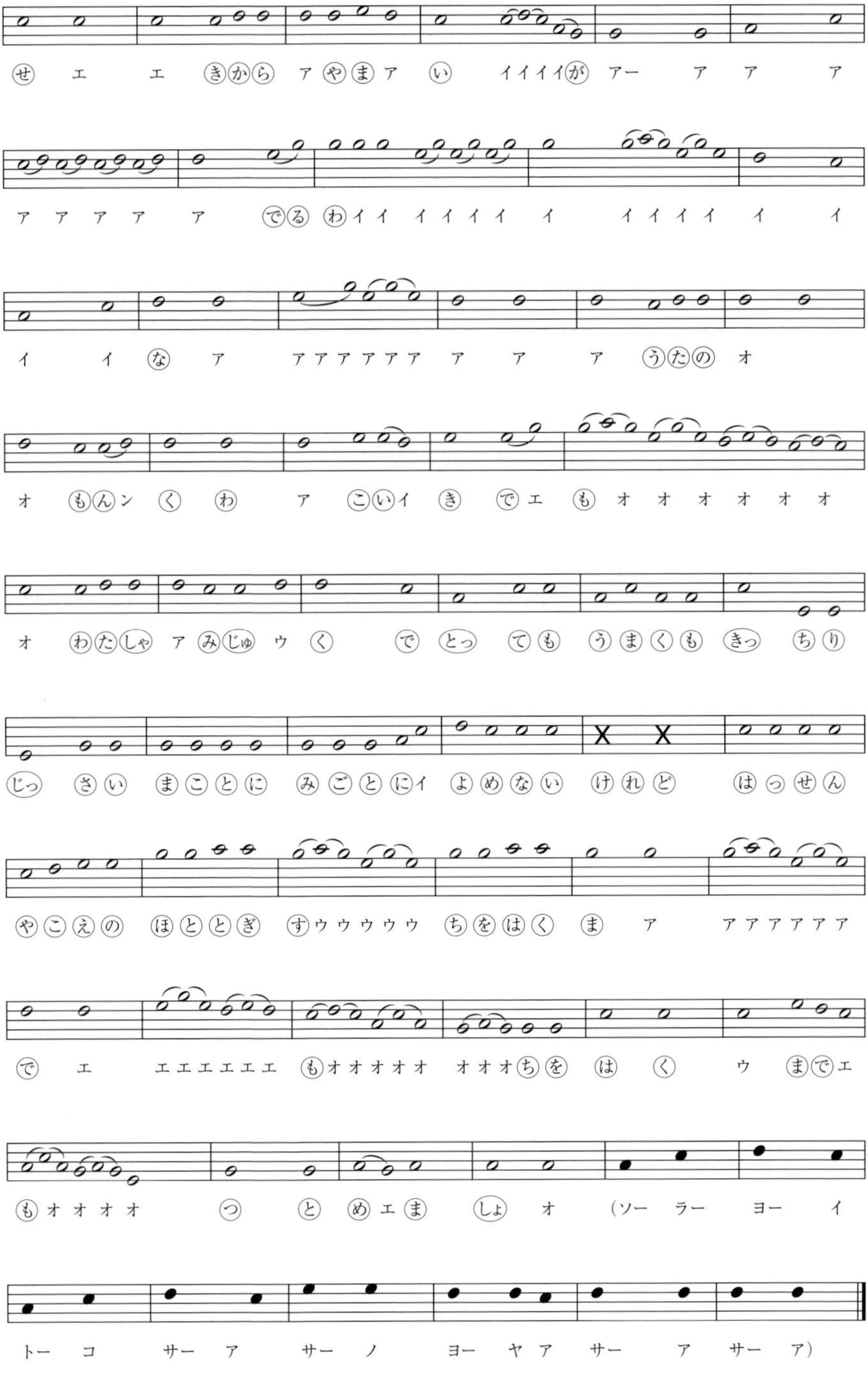
せ エ エ きから ア やま ア い イイイイが アー ア ア ア
ア ア ア ア ア でる わイイ イイイイ イ イイイイ イ イ
イ イ な ア アアアアアア ア ア ア うたの オ
オ もんン く わ ア こいイ き でエ も オ オ オ オ オ オ
オ わたしゃ ア みじゅ ウ く で とっ ても うまくも きっ ちり
じっ さい まことに みごとにイ よめない けれど はっせん
やこえの ほととぎ すウウウウウ ちをはく ま ア アアアアアア
で エ エエエエエエ もオオオオオ オオオちを は く ウ までエ
もオオオオ つ と めエま しょ オ (ソー ラー ヨー イ
トー コ サー ア サー ノ ヨー ヤ ア サー ア サー ア)

著者プロフィール

大高 重雄（おおたか しげお）

昭和11年8月、秋田県生まれ。
埼玉県在住。
元日本郷土民謡協会名誉教授。

民謡の発声と節まわし

2023年 2 月15日　初版第 1 刷発行

著　者　大高 重雄
発行者　瓜谷 綱延
発行所　株式会社文芸社
〒160-0022　東京都新宿区新宿1－10－1
電話　03-5369-3060（代表）
03-5369-2299（販売）

印刷所　図書印刷株式会社

ISBN978-4-286-18635-1